고립, 조율의 시간

백미숙 시집

채운재 시선
129

고립, 조율의 시간

백미숙 시집

일상 속에서 소소한 행복을 전하는 詩

고립은 지난 것들을 추억하게 하지만
또 다른 나를 발견하고 발전시키는 기회이기도 하다
나의 삶들이 반듯해지는 조율의 시간 고립

서문

사람은 흙에서 비롯되었기에
흙을 보며 평안을 찾는가 봅니다.

회색도시 너머
베란다 한 켠 빌린 내 작은 채전밭엔
고추, 가지, 상추, 방울토마토 등
청푸른 벗들로 아침이 싱그럽습니다.

운 좋은 날에는
참새도 떼 지어 날아와 노닐곤 합니다.

코로나 19로 발목 묶인
답답한 일상이지만 나만을 위한
이 작은 공간에서 난 바람을 타고 올라
우주를 날며 그리움의 시를 씁니다.

두 번째 시집이 나오기까지
힘이 되어주고 격려해 주신 가족과
친구들과 여러 지인께 손 모아
감사의 맘 전합니다.
모두 고맙고 사랑합니다.

2021. 5

지우 백 미 숙

CONTENTS

서문 … 4

1부
이런 선물 받은 날에는

이런 선물 받은 날에는 … 14

쑥 향에 취하던 날 … 16

어버이날 … 17

오월에는 … 18

뇌경색 … 20

큰언니 … 21

설, 행복 하나 … 22

사랑하는 사람아 · 3 … 23

선물 · 3 … 24

어머니란 이름 … 26

가을의 산타 … 27

염원 · 3 … 28

생일 축하해 … 30

탄생 … 32

2부
추억으로 가는 길

구운몽 … 36
맥수지탄 … 37
추억으로 가는 길 … 38
겨울 우화 … 39
10월을 보내며 … 40
위대한 그녀 … 42
길 · 1 … 43
길 · 2 … 44
열대야 · 1 … 46
열대야 · 2 … 48
안양천을 걸으며 · 3 … 49
안양천을 걸으며 · 4 … 50
국사봉에 올라 … 51
마로니에 꽃 피던 날 … 52

CONTENTS

3부 나팔꽃 순정

숨은 꽃 … 56
그대 떠난 빈자리 … 57
사랑에게 · 2 … 58
여의길상如意吉祥 … 60
찔레꽃 · 1 … 61
찔레꽃 · 2 … 62
찔레꽃 · 3 … 63
상사화 … 64
야심성유휘 · 2 … 66
나팔꽃 순정 … 67
신목산 아리아 … 69

4부
그림으로 읽는 시

물향기수목원 … 72
아침고요수목원 … 73
어느 봄날에 … 74
속리산 … 75
파탄 … 76
때로는 산처럼 … 78
하늘공원 · 3 … 79
하늘공원 · 4 … 80
화담숲 … 81
세미원 연꽃 … 82
아차산의 봄 · 1 … 83
아차산의 봄 · 2 … 84
봄 … 85
벚꽃, 랑데뷰 … 86
벚꽃 엔딩 … 87

CONTENTS

5부
그리움은 비에 젖어

해바라기꽃 … 90

그리움은 비에 젖어 … 92

동창 · 2 … 94

안부 … 96

카푸치노 … 97

현충원에서 … 98

몽촌토성 … 100

연등 … 101

그녀, 심부장 … 102

봄을 캐다 … 104

친구에게 … 106

눈꽃 세상 … 107

십오야十五夜 … 108

한가위 … 109

마늘을 까며 … 110

빼앗긴 우리들의 봄 … 112

눈 오는 날에 · 2 … 114

가을엔 … 115

겨울 끝에서 … 116

그 아픔의 밤에 … 117

고구마 과자 … 122

속리산 소묘 … 126

고스톱 … 128

꿈 … 130

이런 선물 받은 날에는 … 14
쑥 향에 취하던 날 … 16
어버이날 … 17
오월에는 … 18
뇌경색 … 20
큰언니 … 21
설, 행복 하나 … 22
사랑하는 사람아 · 3 … 23
선물 · 3 … 24
어머니란 이름 … 26
가을의 산타 … 27
염원 · 3 … 28
생일 축하해 … 30
탄생 … 32

1부
이런 선물 받은 날에는

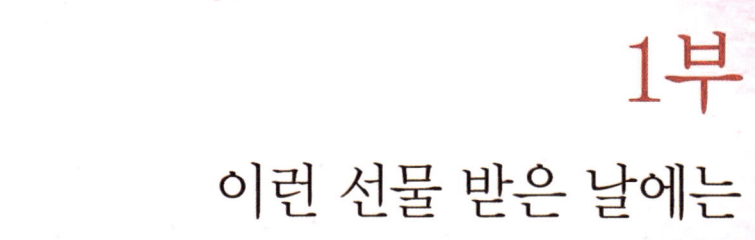

이런 선물 받은 날에는

어느 날
안방 화장대 위에
예쁘게 놓인 딸아이 마음

소요산 자락 어딘가에
전설처럼 산다는
90세 노옹의 독야청청
푸릇한 삶이
행, 간마다 살아서 나타나는
뜨거운 시집

첫 장을 열자
얼싸안으며
달려드는 낯익은 글씨

"사랑하는 엄마!
엄마처럼 진실하게 살진 못하더라도
항상 그 가르침 마음에 새길게요"

해는 벌써 서산에 걸리고
어둠 주저앉은 시간

얼굴에 홍등 켜지고
환해진 방안에
그득 베풀어진
천상의 미소

쑥 향에 취하던 날

훨 훨~
하롱하롱
초록 향으로 오시는
당신은 누구십니까
몽매간 자나깨나 그리운 고향길에
뽀얀 솜털 쫑그리며 웃던 임이여

솔가지 우듬지에 새순이 돋고
일렁일렁 들녘 가득 쑥 향 흐르면
8남매 떼꺼리 걱정, 재가 되신 모정이여

세월은 수레바퀴로 윤회하여도
지청구도 그리운 막내딸 가슴에
언제까지나 살아계신
내 삶의 화양연화*, 엄니 내 어머니.

---

* 화양연화 : 인생에서 가장 아름답고 행복한 시간

어버이날

외동딸 앞세우고 찾아뵙던 어머니
정겨운 기억들은 해설피* 노을 되고
어느덧 내 가슴에도 분홍 꽃이 피었다

몇 잔의 커피 팔아 효심을 담았을까
달콤쌉쌀 천록 향, 온 천지 가득한데
아픈 팔 생각하자니 아릿한 어미 마음

종두득두 종가득가 뿌린 대로 거두는
하늘의 법칙대로 자자손손 복 받기를
불효자 부모 사후에 너희에겐 없으리

* 해설피 : 해가 질 무렵

오월에는

태양과 나 사이는
멀어도 너무 멀어
태양을 만질 수 없습니다

그러나 태양을 느끼며
태양을 떠나서는
살 수가 없습니다

당신도 그렇습니다

너무 멀리 있는 듯
아련한 거리이지만
그대를 느끼며
그 사랑에 취합니다

붉은 심장 팔딱이며
토향하는 장미처럼 오월은
살아있는 자들을 위한
사랑의 계절입니다

사락사락
꽃잎 흔들며 다가오는
반가운 소리

혹여
그대인가요

뇌경색

하얘진 머릿속
홀로 길 위에 서서
옹이 많은 세월도 함께 지운다

어디로 갈까
어디로 가야 하나
한없는 서성임 속
아슴아슴 허청걸음

최선을 다해 달려온 생의 굴레
최고를 원했음도 아닌
그저
흙수저 탄생 속
정신없는 경주였을 뿐

거미줄 같은 기억들을 거두고
이젠
나에게도 쉼표가 필요하다.

〈 2021. 4. 27 뇌경색으로 쓰러진
작은언니의 회복을 빌며... 〉

큰언니

팔 남매 맏이라는 이름으로 살아왔네
자식 같은 동생들을 품에 안은 너덜겅길
등 뒤로 묻어둔 세월 돌아보니 사랑이라

휘들램 치열했던 매지구름* 가득한 날
고생은 고생대로 자랑할 것 없는 세월
그래도 놓을 수 없어 다시 품은 모정애

모처럼 집을 떠난 따스운 춘삼월에
아픈 세월 씻어내듯 봄비는 내리고
해거름 눈물 속 피는 언니 닮은 카네이션**

〈 2021. 2/28~ 3/1 언니들과 함께 영흥도에서 〉

* 매지구름 : 비를 머금은 검은 조각구름
** 카네이션 꽃말 : 모정

설, 행복 하나

깜냥깜냥 견뎌온 베슥해진 살림살이
몸져누운 경제위기 일어설 줄 모르건만
세월은 눈치도 없이 대명절 설이라네

초망은 바람따라 강한대로 약한대로
가장 먼저 누웠다가 가장 먼저 일어서지
민초들 살림살이도 어쩌면 풀과 같아

설이라 인사라며 바람같이 달려온
어여쁜 올리사랑* 달보드레 그대들
맘 담은 효도 선물에 명지 바람 뜨겁다

헛헛한 설운 세상 빈손이면 어떠랴
가족이란 이름으로 얼굴 보면 그만이지
새해엔 소문만복래 묵은 액운 물렀거라

* 올리사랑 : 자식이 부모에 대한 사랑

사랑하는 사람아 · 3

외동딸 출가했다고
어찌 세월을 탓할쏘냐
산다라* 듬직한 아들을 얻었거늘

옛말에 자식 자랑은 팔불출이라지만
다달이 시시때때로 보내오는 미쁜 정
고맙고 애틋한 마음 오달지게 감사해

머리 위에 하얗게 상고대 지는 날까지
꽃잠 자던 첫날밤 설레던 마음으로
위하며 사랑만 하며 행복하길 비나리

* 산다라 : 굳세고 강한 사나이란 뜻
  김유신 장군의 아명

선물 · 3

홍조 띤 홍안의 첫사랑처럼
설렘 안고 걸었다 밤이 새도록
하얗게 세상은 설국이 되고
눈 위에 피어나는 매화 두 송이

눈 꿈은 재물이라고
손에 쥔 로또 한 장
기대 반 설렘 반으로
기다리는 시간은 행복하다
하여
당연한 결과가 서운치도 않다

흘러가는 뜬구름을
어찌 잡을 수 있을까

그래!
인생이란 한 치 앞도 알 수 없는
서녘 하늘 설핏한 노을 같은 것
잡았지만 사라지는
허망한 꿈같은 것

확실한 것은
이 세상 끝날까지 기억해야 할
인연의 끈
봄날 잠깐 피었다 쓰러지는
백목련같이 아쉬운
끝사랑 같은 것

어머니란 이름

댓돌 위 올망졸망 꼬꼬신 여덟 켤레
따스한 명지바람 쓰다듬는 봄이건만
어머니 애옥살이는 바쁘기만 합니다

배고픈 보릿고개 움켜쥔 허리춤에
초록향 뭉싯나던 밀가루 보리떡을
시렁 위 올려놓고는 오달지게 웃으시던

숨기지 못한 세월 에움길 돌고 돌아
지청구도 그리운 막내딸 가슴 가득
내 살의 화양연화로 오시었네 어머니

가을의 산타

그물이 찢어질까
사랑 가득 걷어 올린
푸른 바다가 통째로 배달됐다

조금은 비싼 듯
입이 쩍 벌어지는 가격이지만
은은한 한약재 향 달큰한 간장게장은
내 식구 된 지 1년째인
속 깊은 사위의 효심이 만선이다

오늘같이 좋은 날
참 좋은 인연에 감사하며
하늘은 더 푸르고
가을은 더 붉다

이 가을이 참 좋다

염원 · 3

창문을 열면
호수공원 푸르름이
방안 가득 밀려오고
시화호에 하루를 씻는
눈부신 석양의 하피*

꼬꼬지** 옛적부터 그래온 듯한
아늑함과 평온함이
달콤하게 익어 가는
16층 하늘 위, 너희의 천국

새하얀 대리석 식탁은
초야를 준비하는 신부처럼
경이롭고 신비하다

---

* 하피 : 붉은 노을빛 치마 예복
** 꼬꼬지 : 아주 오랜 옛날

차마
그 정원에 먹구름 낄까
몽매간 비손하는
고개 숙인 어미 마음.

〈 2020. 8. 2. 딸네 집에서 〉

생일 축하해

자정이 넘은 시간
미리내 별은 빛나고
유난히 반짝이던 6월의 아기별 하나
하늘길 환히 밝혀 내 품에 안겨 왔네

아껴두려 해도 세월은 가고
한 가정 꽃피우는 산소 같은 존재로
날마다 꽃바람, 고맙고 감사하구나

튼실한 포도송이 주렁주렁 맺어서
이웃과 달보드레 나누며 사랑하며
안태본* 드는 날까지 인향만리 하기를

사랑만 하기에도 턱없이 부족한 시간
소풍 길 즐겁게 가는 길 후회 없이
차곡차곡 행복 쌓아가며
받는 사랑보다 주는 사랑 되거라

* 안태본 : 태중의 고향, 선조의 고향

불요파 불요회 不要怕 不要悔
라는 말이 있단다
미래를 두려워 말고 과거를 후회 마라

살아갈 너의 앞날이
언제나 꽃길이기를 축복하며
생일 축하해
그리고
사
랑
해!

〈 2020. 6. 26 엄마가 〉

탄생

5월*이 나를 부르네
쪽빛 에메랄드 선물을 안고
행운과 행복을 손에 쥐었네
전갈**의 등에 올라
미리내 강을 건너온다네

스쳐지나간 많은 인연
만남보다는 이별을 준비해야 할 시간
이별은 늘 낯설지만 같이 부르며
넘는 고갯길엔 절절한 사랑만 있네

* 5월의 탄생석 : 에메랄드 〈행운. 행복〉
** 별자리 : 전갈자리 〈타인을 많이 배려함〉

다시 태어나도
당신들의 딸일 테니
내 형제의 누이이고
너의 어미이고
그대의 사랑이려오

그대여!
내 손길 닿는 거리만큼
서로에게 숨 같은 존재로
그렇게 있어 주오
더 넓고 깊고 높은 사랑을 위해

구운몽 … 36
맥수지탄 … 37
추억으로 가는 길 … 38
겨울 우화 … 39
10월을 보내며 … 40
위대한 그녀 … 42
길 · 1 … 43
길 · 2 … 44
열대야 · 1 … 46
열대야 · 2 … 48
안양천을 걸으며 · 3 … 49
안양천을 걸으며 · 4 … 50
국사봉에 올라 … 51
마로니에 꽃 피던 날 … 52

2부
추억으로 가는 길

구운몽

늘솔길 상고대에 자욱한 안개구름
서포 김만중의 구운몽을 생각한다
연초록 우듬지에 비단웃음 일렁이고
여덟 선녀 풍류소리 겨르로이* 들려온다

인생이란 원앙금침 속 꿈과 같은 것
자고 깨면 허망한 일장춘몽이려니
백 년도 못살면서 천년을 계획하니
아뿔싸!
안태본들 날, 준비하고 있는가

* 겨드로이 : 한가로이, 겨를 있게

맥수지탄

한병 두병 쌓이는 게 술병만은 아니더라
이 당 저 당 안주 삼아 씹어대는 술자리에
동네 똥개 부르듯 불러대는 나라님 이름

그러는 그대는 이 나라 위해 무엇 했소

새벽 밝혀 무릎 세워 나라 위해 기도했나
정화수 한 사발에 이슬 담아 치성했나
이도 저도 아니라면 맥수지탄'을 기억하오

* 맥수지탄 麥秀之歎 : 나라를 잃은 후 후회한다

추억으로 가는 길

서쪽으로 기울던 해 몸 낮춰 숨어들고
수런대던 갈바람 발길 멈춘 밤나무 숲
움츠린 밤꽃 향기는 비릿한 추억 하나

해 질 녘 철새들은 둥지 찾아 분주한데
그리운 부모형제 가슴에 묻어 둔 곳
지금은 묵정밭* 된 옛살비**는 추억 둘

맛난 것 재밌는 것 모든 게 시시해도
몽매간 자나깨나 그려보는 돌담길
잉걸불 가슴 지피는 전설이 된 추억 셋

---

* 묵정밭 : 묵혀둔 밭
** 옛살비 : 고향

겨울 우화

11월의 하늘은 여전히 건조하다
올 듯 올 듯 오지 않고 먼지만 날리는 날
겨르로이 눈 마중하다 겨울을 만났다

코로나 하향된 길 생기 찾은 시장통
아직은 이른 듯해 조심스레 기웃다가
매서운 바람살 밀려 화들짝 돌아온다

가끔씩 들러보는 중고용품 가게에서
예기치 않게 만난 모 자가님 등단작
품속에 모셔오는, 겨올 우화 피는 길

〈 겨울 우화 / 신경숙 작가
1985. 문예중앙 등단작 〉

10월을 보내며

풋익은 첫사랑은
늘 추억속으로만
피어나는 건 아니듯

멈춘 기억 속
홀로 피었던 첫사랑이
뒤뚱거리는 세월 속에서도
가을을 맞습니다

푸르름 내려놓은 초망들
길 떠날 채비를 하고
애당초 존재하지도 않은 듯
뜨거운 불꽃속으로 사라지는
시월의 수피아*

* 수피아 : 숲의 요정

흩날리는 붉음속에서
이제서야 알게 된
눈물끝에 매달린 진실
멀어져 간 너의 뒷모습만
눈 배웅하며

10월!

무심하여라
무심하여라

위대한 그녀

이순신 장군도
유관순 열사도
아니랍니다

서른에 과부가 돼
두 아들을 당당히 키워냈지요

전쟁 같은 삶 속에서
본인의 이름은 잊었을지라도

고귀하고 위대한
어머니란 이름으로 살아온

그녀!
조○○여사

길·1

아리수
가을볕에 넘실 덩실 춤춰쌌는데

살
      방
살   방

            훨 ~~
훨

천년을 멈추었던 심장
조심스레 꺼내어
팔딱팔딱, 벌렁벌렁

캔맥주 하나에도 만취한 가을
가을보다 고운 너와 함께
천년을 거닐어도 좋은 길

길 · 2

지난 추억 더듬으며 은가람˙ 길 걷는다
겨울이 머물다간 쓸쓸한 안양천에
살포시 연둣빛 아기 조심스런 봄 마중

그대와 도란도란 펼쳐 놓은 인생사
깜냥깜냥˙˙ 견뎌온 길 토닥토닥 위로하며
오달진 함박꽃 웃음 옹이진 길 지운다

사랑은 추억 속에 아슴히 멀어져도
따스운 봄볕 속에 설매화 피고지고
이제는 이순 넘은 길 살방살방 황혼 길

* 은가람 : 은은히 흐르는 강
** 깜냥깜냥 : 온 힘을 다하여

열대야 · 1

불면의 밤
토끼 눈 가득 장미꽃 붉고
동화 속 왕자 찾아 기웃대다가

새벽녘
밝아오는 동녘 하늘만
애오라기* 아쉬운 눈 마중하다

어느새
꿈속인가 내 님 오시어
단심가 불러주니 노스텔지어**

수줍은
오작교의 사랑을 위해
까막까치 되어서 날아가볼까

---

* 애오라기 : 부족한 마음
** 노스텔지어 : 향수

천형 같은 그리움
별이 되는 밤

〈 2020. 8. 25. 칠석날에 〉

열대야 · 2

외론 밤 하늘 가득 춤추는 만월
그대의 미소인 양 향기로와라

아직도 이글이글 뜨거운 밤을
때 이른 귀뚜리가 지키고 있다

족쇄 찬 시간 속 달 밝은 이 밤
무심한 바람만이 자유로운데

인류가 탐해야 할 최고의 백신은
착득거*를 버리는 방하착**이다

* 착득거 : 움켜쥐다
** 방하착 : 내려놓다

안양천을 걸으며 · 3

하늘이 노하셨나
아침부터 퍼붓는다
세상을 심판하던 노아의 홍수처럼

가온길* 걷지 못해 쪼그라든 심장이라
적토마 내달리는 안양천변에 서서
최후의 날 맞이하듯 두 손 가슴에 모아본다

지그시 감은 두 눈 떠오르는 실루엣
뽕나무 가지마다 별처럼 달린 오디를
두 손 가득 건네주던 달보드레 그린비**여

어쩌랴!
뉘우침 없는 나를 위해 초망들 회개지심
오체투지 허리 굽혀 신열 앓듯 빌고 있다

* 가온길 : 정직하고 바른길
** 그린비 : 그리운 연인

안양천을 걸으며 · 4

지난 추억
더듬으며 안양천을 걷는다
겨울이 머물다간
잿빛 무덤 가득한 길
살며시 연둣빛 아기
조심스런 봄 마중

친구와
도란도란 찍어놓은 발자국
세상사
별거냐며 건강하면 장땡이지
이제는 이순 넘은 길
도담도담 가보세

국사봉에 올라

겨울 산 척박하고 메마른 경사길을
오르고 내리고를 반복하며 걷다 보면
어느새 발아래 놓인 우공이산* 세상사

기울어진 국운을 지켜보는 참담함
정상에 올라서서 목놓아 애가哀歌 하던
고려말 충신 조견의 한이 서린 국사봉

계곡에 물이 맑아 붙은 이름 청계산
하늘은 청푸르고 숲길은 고요한데
전설 속 우담바라로 청계사는 뜨겁다

* 우공이산愚公移山 : 어리석어 보이는 우직한 자가 산을 옮긴다.

마로니에 꽃 피던 날

낭랑한 낭송소리 하늘하늘 춤을 추고
축하의 박수소리 공원 가득 낭실낭실
이토록 아름다운 날 현대사조 뭉친 날

어여쁜 오늘 위해 수고한 손길마다
천리길 마다않고 달려온 발길마다
천운과 문운이 가득 만사형통 빕니다

수상자 문우님들 출판하신 시인님
축하의 꽃바구니 진심 담아 올리오니
즈믄 년 만리향 가득 고운 글 향 피우소서

〈 진두지휘하신 대표님과 행사를 위해 수고하신 모든 분들의 수고에 감사드립니다.
2021. 4. 17. 마로니에 공원에서 〉

숨은 꽃 … 56
그대 떠난 빈자리 … 57
사랑에게 · 2 … 58
여의길상如意吉祥 … 60
찔레꽃 · 1 … 61
찔레꽃 · 2 … 62
찔레꽃 · 3 … 63
상사화 … 64
야심성유휘 · 2 … 66
나팔꽃 순정 … 67
신목산 아리아 … 69

3부
나팔꽃 순정

숨은 꽃

숨어서 핀다한들 향기마저 감출쏘냐
닿을 듯 닿지 않은 간절한 그리움에
수줍은 수수꽃다리 연보랏빛 첫사랑

철조망 속에 갇혀 계절은 잊었지만
적당한 거리두기 마스크 필요 없어
이토록 화사한 웃음 피워낼 수 있으니

코로나 너 때문에 몸살 앓은 지구촌
우리의 후손에게 물려줄 조국 강산
누군들 불어주세요
코, 잠재울 만파식적[*]

〈 빈 건물 안양 검역소에서 2021.4월에 〉

* 만파식적 : 피리를 불면 나라의 모든 근심과 걱정이 사라진다는 전설 속 피리

그대 떠난 빈자리

대문 앞 가득 쌓인 쓰레기 잡동사니
그 틈 속 들고양이 새살림 차렸구나
한 때는 사랑받았을 유기묘 쓸쓸한 눈

인적 끊긴 골목에도 눈 덮인 화분에도
따스운 아침햇살 노크하며 깨우는데
언제쯤 기지개 켜며 깊은 잠을 깨울까

눈감고 귀 막아도 떠오르는 옛살비
몸담아 부대끼며 함께한 이웃사촌
새 단장 찬우물마을 부활의 꿈 새롭다

〈 2021. 1월 재개발 단지, 찬우물마을에서 〉

사랑에게 · 2

그대
내 마음 깊은 곳에
사랑으로 집 짓고
좋은 말
고운 생각
언, 행, 심, 사
주의하라 시네

이른 새벽
세상은 아직도 미명인데
그대 향한 그리움
타는 목마름

내 사랑 그대여
정말로 죽기까지 날 사랑했나요
나는 바리새인처럼
회칠한 무덤 같은 죄인인 걸요

임은 내 곁을 떠났지만
다시 오마 약속하신 그 약속 믿기에
자욱한 안개 앞을 막아도
어여쁜 사랑 찾아
천로역정 싸우며 갑니다

여의길상 如意吉祥*

은나래 팔랑이며 하강한 하늘 천사
헐벗은 나목마다 목화솜옷 입었구나
인생도 화무십일홍 어쩌면 꽃과 같아

이 세상 살아가며 이유 없는 고난 없지
길 위에 돌멩이도 존재 의미 있다는데
하물며 만물의 영장 두말하면 잔소리

살겠다 죽겠다도 내 입술의 열매로
악한 끝 없다해도 선한 끝은 있다는데
공평한 하늘의 법칙 뿌린 만큼 거두는

* 여의길상 : 길하고 상서로운 좋은 일들은 자기 의지에 달려 있다.

찔레꽃 · 1

1
동산에 올라보니 찔레 향 지천이라
그대는 뉘시기에 이토록 어여쁜가
그리움 어쩔 수 없어 심장 가득 피는 꽃

2
동화 속
사랑 찾아 호숫가 돌고 돌아
백마 탄
왕자님이 오실까 기웃기웃
하얗게
꽃단장하고 기다려요 그대를

3
그립다 보고싶다 수줍어 아껴둔 말
야속한 내 사랑은 아는지 모르는지
간절한 소망을 안고 기다리는 찔레꽃

찔레꽃 · 2

안양천 정원 가득 찔레꽃 토항하고
촉촉한 봄비 속, 돌아 돌아 에움길
초망은 이슬 털어 묵은 허물 탈각한다

불혹도 아니건만 흔들리는 너덜겅길
지금껏 살았으니 각골난망 혜은의 길
이제는 안태본 위해 비손하는 노매드˚

* 노매드 : 유랑민처럼 자유로운 사람

찔레꽃 · 3

달보드레한 그대 향기에
온몸 맡기고
도담도담 걸어가요
망각의 시간 속으로

그대는 바람인가요
햇빛인가요
꿈인가요
한울* 가득 온새미로** 그댈 느껴요

호젓한 강둑 따라 찔레꽃 붉고
꿀벌들 사랑놀이 아찔한 오후에
문득
가슴 가득 안겨 오는 촉촉한 해윰***

보 고 싶 다
그대!

* 한울 : 우주
** 온새미로 : 자연 그대로
*** 해윰 : 생각

상사화

1
주절주절
숱한 소원 가슴에 담아

하늘 향해 빌어보는
이룰 수 없는 사랑

마음 언저리 맴도는가
온몸으로 부르는 단심가

2
잎 지고 꽃 피우니
언제나 만나볼까

한 몸 빌려 산다지만
비켜 가는 시선이라

침묵만 지키다가
가슴앓이로 지는 그리움

야심성유휘 · 2

오란비* 내리는 밤 호젓한 너덜겅길
혼자는 외로워서 둘이서 함께 가요
상처 난 가슴 가슴에 여우별**은 뜨는가

새벽닭
우릴 위해 오늘도 울어 줄까
깜깜한
밤일수록 별은 더 빛나는데
벗이여
야심성유휘 기대하자 새벽을

---

* 오란비 : 장마
** 여우별 : 궂은날 잠깐 나타났다 사라지는 별

나팔꽃 순정

길거리 꽃이라 비웃을 텐가
누구인들 구중궁궐 사랑이고 싶잖으랴
담벼락에 매달린 가혹한 애옥살이
붉은 입술 벙그는 꼿꼿한 절개로
이 아침 갈바람에 전해나 볼까

그대 기다리는 이 하루가
왜 이리 긴지…

신목산 아리아

못 잊을 사랑하나 그리운 즈믄 밤에
조각난 기억들은 별찌* 로 흐르는가
모래알 하나에 가득 코스모스** 피었네

자연 속 동화된 삶 부럽고 궁금한 맘
그대는 온세미로 늘해랑*** 노매드****
산마루 새하얀 운무 올라타고 나르샤*****

*   별찌 : 유성
**   코스모스 : 우주
***   늘해랑 : 해처럼 강한 남자
**** 노매드 : 유목민처럼 자유로운 사람
***** 나르샤 : 날아오르다

물향기수목원 … 72
아침고요수목원 … 73
어느 봄날에 … 74
속리산 … 75
파탈 … 76
때로는 산처럼 … 78
하늘공원·3 … 79
하늘공원·4 … 80
화담숲 … 81
세미원 연꽃 … 82
아차산의 봄·1 … 83
아차산의 봄·2 … 84
봄 … 85
벚꽃, 랑데뷰 … 86
벚꽃 엔딩 … 87

4부
그림으로 읽는 시

물향기수목원

아직은 이른듯한 겨울이 머문 자리
코로나 너 때문에 생이별한 글벗들
쌉쌀한 커피 한잔에 피어나는 웃음꽃

늦은 건 아닌가요 잊은 건 아니지요
어제의 용사들이* 다시 뭉친 봄날에
지난날 영화 버리고 무사무욕** 걸어요

소설도 기. 승. 전. 결 오르막 내리막길
인생도 씨 뿌리고 열매 맺고 낙엽 지고
이제는 노거수 되어 관조경지 걷지요

〈 2021.3.23. 문우들과 함께 〉

* 어제의 용사들 : 향토 예비군 노랫말의 일부 인용
** 무사무욕 : 사심이나 욕심이 없이

아침고요수목원

부활한 우성들의 잔치가 시작됐다
열성은 사그랑이 강자만이 선택되는
냉정한 자연의 질서 하늘의 법칙인걸

때늦게 만개한 벚꽃길 노닐다가
꿈꾸듯 하마하마 그대를 만나볼까
연인들 곁눈질하다 가자미 눈 되었네

늘솔길 솔바람길 초대장 없다해도
도담도담 살아온 대견한 삶이기에
친구야!
모든 것 잊고 오늘만은 행복하자

어느 봄날에

모처럼 한가로운 봄날을 걸어
그대에게 가는 길에
꽃바람 분다

호연지기 친구와 주거니 받거니
시끄러운 세상사
말간 술잔에 가둬 두고 나누는
우정 속에 명지 바람 따사롭다

세월 속에 육신은 녹슬어 가고
살다 보면 발걸음 멈춘 날도 오겠지만
오늘만은 산자수명山紫水明
그대 있어 더 좋은 날

가뭇없는 삶이었을지라도
공수래공수거 인생
수의 한 벌이면 족한 것을

〈 2021.3.19. 안양천에서 친구들과 함께 〉

* 산자수명 : 산이 있고 물이 있고

속리산

농익은 세월 속에 고개 숙인 집 한 채
후일을 기약하는 이별은 일상인데
하마나 님 기다리다 지고 마는 하루해

선잠 깬 아기 해님 눈 비벼 마실 나온
호젓한 산 마룽에 서성이는 그리움
끝끝내 붙들지 못해 사그라진 옛살비*

두고 온 부모 형제 오매불망 속세의 정
살면서 느껴면서 배우며 성장하네
사나래** 영혼 울리는 풍경소리 정겹다

〈 2021. 3. 7 ~ 9 속리산에서 친구와 함께 〉

* 옛살비 : 고향
** 사나래 : 천사라는 뜻의 만들어진 말, 은어

파탈*

그는 바람이다
어디에도 누구에게도 예속되지 않은
바람 구두 신고 달리는
구름 닮은 바람이다

그는 공작새다
꾸미려 하지 않아도 스스로
빛이 나는 하늘 높이 비상하는
늠름한 장끼다

그는 가시고기다
장성한 아들을 몽매간 걱정하며
자신의 살 내어주는
부성애 강한 아버지다

강하면서 여리고
순수한 듯 화려하고
수줍은 듯 대범한
그 남자는 팔색조다

노을빛 고운 어느 바닷가에서
스러져가는 하피**눈배웅하며
오직 한 사랑에게
길고 긴 연서를 날리고픈

외롭지만 결코 외롭지 않은
그는 음유시인이다

* 파탈擺脫 : 어느 범절에서 구속에서 자유로운
** 하피 : 노을치마

때로는 산처럼

한적한 등산로에 낙엽 쌓여 포근한데
듬성듬성 눈 덮인 겨울산은 적막하다
오던 길 되돌아보니 홀로 남은 발자국

거두고 싶지 않아 남겨 둔 자국마다
새봄이 몽긋몽긋 산새들 조잘조잘
대천문 쫑긋이 세워 천국 방언 듣는다

여물어가는 세월 깜냥깜냥 가는 것
바람살 잘 날 없어 의지하며 사는 것
위용한 산이고 싶어 산을 닮아가는 것

하늘공원 · 3

산에는 갈꽃무리 들에는 들국화 향
갈 곳 잃은 영혼들이 삼삼오오 모여들면
가을은 얼굴 붉히며 가슴가득 품어주네

버려진 쓰레기가 산 되고 공원이 돼
역사에 점을 찍고 서울을 대표하니
누군들 유혹당해도 천 번 만 번 좋아라

하늘공원 산등성이 한들한들 천국 길
미로처럼 엉켜있는 순백의 갈대숲을
그리움 수놓아 가며 너와 함께 걷고파

하늘공원 · 4

코로나 금지 풀린 우듬지 하늘공원
폐쇄된 시간만큼 생기 찾은 초망들
많은 것 잃어버린 후 얻어지는 소중함

사나래* 팔랑이는 눈부신 하얀 미소
찬란한 가을볕에 은물결 출렁이고
아뿔싸 어느새 나는 너의 포로 되었네

해종일 어화둥둥 몸부벼 사랑하자
금지된 사랑만큼 간절한 에그리나**
다시금 발기하고픈 상암동의 새벽아

* 사나래 : 천사의 날개
** 에그리나 : 애틋한 연인 사이

화담숲

늘솔길 꽃가람길 도담도담 걸어볼까
푸실*한 다님길**엔 구절초 만발하고
설익은 가을 단풍은 아쉬움만 더하네

수선스런 세상사 어지러운 인생사
넓은 가슴 내어주고 품어주고 감싸주는
저토록 푸르른 나라 함께 가요 그대여

구절초 들국화 향 달큰한 명지바람
맘 열면 형제자매 정겨운 이웃사촌
미쁘신 내 임의 사랑 달보드레 좋은 날

* 푸실 : 숲이 우거진 마을
** 다님길 : 사람이 다니는 길

세미원 연꽃

세미원 가득 눈물바다
찢기고 젖은 잎술
꼬두람이* 장마 끝엔
때 이른 소추**가 따라왔다

아름답던 사랑의 흔적
연자육***에 가득 담고
부활을 꿈꾸는가
기린 목 그대여

관수세심, 관수미심
물을 보며 마음 씻고
꽃을 보며 아름답게

무릎 낮아진 세미원에
관음의 미소 그득하다

*　　꼬두람이 : 맨 꼬리
**　 소추 : 초가을
*** 연자육 : 연꽃 씨

아차산의 봄 · 1

아차산 올라보니 고구려가 들썩인다
바보온달 평강공주 전설이 깨어나고
전쟁의 격전지 고함소리 요란하다

아픈 전쟁의 상흔들만
아차산성 보루에 남아
삼국사기 뒤적일 때
낙화는 차라리 눈물이다

세월을 잊은 듯 홍매화향 백 리인데
어느새 꿈속인가 평강공주 납시었다

아차산의 봄 · 2

아차산
올라서서 한강을 굽어보니
인걸은
간데없고 아리수 장구하다
아마도
큰 바위 얼굴 온달장군 숨은 넋

아리수 쟁탈전에 낙화해간 젊은 꽃
유구히 흐르는 물 나눌 순 없었을까
바위에 숨어 우는가 고구려의 병사여

봄

봄은
겨우내 입고 입어
소매 끝 반질반질해진
동네 개구쟁이들 외투 벗기고

쌓인 눈
헤집고 나온
상큼한 복수초 향기로 와요

봄은
우물가 개나리 울타리
담 밑에 수줍게 핀
노오란 민들레 미소를 담고 와요

봄은
마흔둥이 내 동생만큼
수줍은 깜짝 비밀을 안고
귀여운 노랑 병아리를 몰고 와요

벚꽃, 랑데뷰

봄 처녀 미소인 냥 뽀얗게 벙글더니
벌 나비 왔다갔나 어느새 지려느냐
우리네 인생길도 어쩌면 꽃과 같아

오가며 마주했던 몰래 한 짝사랑에
세상사 혼미해도 너 보고 웃었던 날
야속한 꽃샘바람에 가야 할 길 잃었나

힘내요 도담도담 내 사랑 그린비여
하르르 낙화하여 이저리 뒹굴더니
묵언의 약속 있었나 헤쳐모여 랑데뷰

벚꽃 엔딩

꽃이라 모든 꽃이 꽃향기 깊겠냐만
봄 한철 피었다가 어느덧 지는 것을
그 누가 한 말이던가 달도 차면 진다고

세상사 모든 것이 영원은 없다지만
진리를 찾다 보니 혹시나 하는 마음
수선한 세상살이에 참 낙원은 어디에

시국은 어찌 됐든 벚꽃 향 눈부시다
겸허히 손 모두어 하늘을 우러르니
좋으신 내 님의 사랑 하늘 가득 충만 타

해바라기꽃 … 90
그리움은 비에 젖어 … 92
동창 · 2 … 94
안부 … 96
카푸치노 … 97
현충원에서 … 98
몽촌토성 … 100
연등 … 101
그녀, 심부장 … 102
봄을 캐다 … 104
친구에게 … 106
눈꽃 세상 … 107

십오야十五夜 … 108
한가위 … 109
마늘을 까며 … 110
빼앗긴 우리들의 봄 … 112
눈 오는 날에 · 2 … 114
가을엔 … 115
겨울 끝에서 … 116
그 아픔의 밤에 … 117
고구마 과자 … 122
속리산 소묘 … 126
고스톱 … 128
꿈 … 130

5부

그리움은 비에 젖어

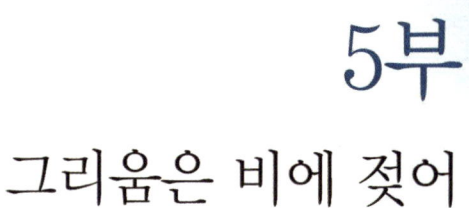

해바라기꽃

희망과 사랑으로 노란 물결 넘실대고
산비둘기 구구구구 사랑 노래 정겹다

내가 올 줄 알았을까 그리움 등불 밝혀
해님보다 눈부시게 반겨주는 그대여

여름날 키 작은 해그림자* 좇고 쫓아
정열로 가득 피는 꽃 반고흐를 만나다

〈 2020. 7. 2 안양천에서 〉

* 해그림자 : 어떤 물체가 햇빛을 가려서 생기는 그림자

그리움은 비에 젖어

조록조록
비 오는 날 아침입니다
내리는 빗방울에
도시인들의 시린 마음도
비에 젖습니다

회색 거리마다 촉촉한 외로움이
몸서리치며 흐르고
풍요 속 빈곤한 잔상들이
허청걸음으로 휘청이는
이런 날엔
쏟아지는 빗방울 방울방울에
시를 씁니다

가끔은 지나가는 바람 붙잡아
당신의 안부를 물으면
어느 하늘 어딘가에서
잘살고 있노라고 묵언 속
들려오는 당신의 목소리

세월 따라 머리 위엔
백설 분분하지만
내 마음에 여전히 살아 숨 쉬는…

내리는 빗속에서
그대를 기다립니다
그리움 받쳐줄 우산을 들고

동창 · 2

하늘빛보다 푸르고
백일홍꽃보다 향기로운
그대를 오늘 만났습니다

작은 몸짓
작은 목소리는 어느새
큰 울림 골 깊은 산이 되어
삶의 깊은 에코를 만들어 냅니다

숨길 것 없는 우리는
삶을 나누며 추억을 뒤적이며
이제는 어깨너머로 저물어가는
붉은 노을을 바라봅니다

먼 길 마다치 않고
길동무 돼주고 발이 되어준
오산의 고마운 벗이여
오산으로 뜨는 달이
더욱 그리워질 듯합니다

만산홍엽
온 산야 붉게 타는 날
우리 다시 만나
우리의 고향을
아니 우리 어머니의 고향을
목소리 다하여 노래해 보세나
시보다 고운 내 벗이여

안부

베란다 한 켠 빌린 내 작은 채전밭에
소담한 푸르름이 키재기 하는 아침
반가운 이웃사촌들 참새소리 정겹다

바람은 한가로이 늘솔길 노니는데
그리운 친구들아 모꼬지* 언제일까
몽매간 걱정가마리 물렀거라 코로나

* 모꼬지 : 어떤 모임을 위한 여러 사람의 모임

카푸치노

뱀처럼 부드럽게
비둘기처럼 순결하게

첫사랑보다 달콤하게
이별보다 쌉쌀하게

눈보다 새하얗게
수녀보다 신비롭게

진한 길색 고고한 기품
라온힐조*의 그린비**

* 라온힐조 : 좋은 아침
** 그린비 : 그리운 연인

현충원에서

옥처럼 하늘 맑은 현충원에서
명징한 햇살만이 묘비 위 토닥이고
6.25 그날의 아픔 통한으로 흐르네

장미는
때를 알아 저리 붉은데
우리는
어찌하여 감사도 잊었는가
사상은
자유라며 자중지란* 배은망덕

아서라 후손들아 과거를 기억하자
위태한 국가 안보 풍전등화 아닌가
올곧은 영웅호걸을 기대하는 민초들.

* 자중지란 : 같은 편끼리의 싸움

몽촌토성

세월 굽은 몽촌토성 휘어진 길을
그대와 손 맞잡고 걷고 싶어라

오동나무 우듬지엔 윤사월
초승달이 타투처럼 걸렸는데

동산 가득 그대 숨결 빨개진 하늘
천지에 어사와 둥 둥 사랑이로세

내 사랑 빛바랜 메아리가 아니길
간절한 소원 담아서 빌어보는 하월가

연등

수리산
관음사에 횃불이 탄다
고요 속
달빛만이 속살거리고

그날에 추억 안은
푸른 숲길을
첫사랑 설렘 안고 비추고 있다

그리움
빈 가지 위 서러운 밤에

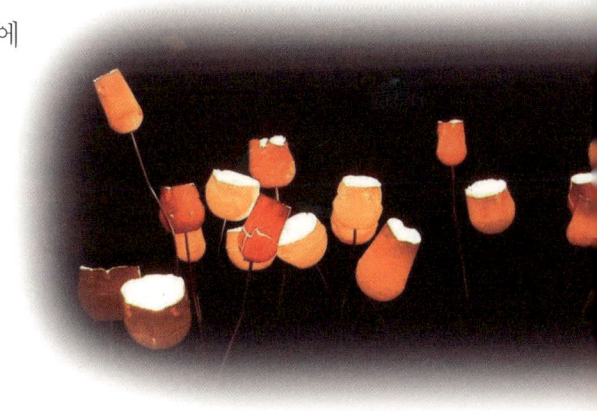

그녀, 심부장

허기진 삶은
그녀의 작은 어깨 위에 오롯이
내려앉아 살아온 세월보다
더 많은 추억을 이야기한다

가을 햇살도 피해 가는
동네 후미진 구석의 미용실은
뇌성마비에 조금은 부족해 보이는
그녀가 헤엄치는 삶의 바다다

온갖 허드렛일에도
심부장님!
불러주는 손님들에게
듬성듬성 빠진 이 드러내며 달보드레
웃을 때면 하늘은 온통 그녀 편이다

10여 평 공간에 몸이 갇혀
아름다운 이 가을을 속절없이
보내고 있지만 아기 같은 그녀의
영혼은 우주를 난다

그래!
여자라고 다 아름다울 순 없지
손으로 잡을 수 없는 감정
행복은 꼭 한 얼굴만은 아니잖아

껍질 속에 감추어진 진실을
누가 알겠어
햇살같이 투명한 그녀의 영혼 앞에서

봄을 캐다

동면에서 깨어난 대지에
새생명 움트고
들녘 가득 봄으로 술렁입니다
잊히기 싫었던 봄은
아픔 속에서도 어여쁜
버들강아지 움 틔우고

격리의 시간 속에서
가족도 친구도 사랑까지도
코로나 바이러스 포로가 됐습니다
믿을 수 없는 현실 앞에서도

파릇함 잃지 않고
자연의 질서에 오롯이 순종하는
그대여
그대의 따사로운 사랑 연유로
코로나도 왕관 벗고 소멸되기를

아
봄 봄 봄
너무 멀리 가진 말아요
나의 그대여

〈 2020. 3. 1. 세종시 전의면에서 〉

친구에게

칼바람 휑 휑하던
눈물 젖은 골짜기에
쪼그리고 앉아 울던
복수초 같은 모정이여

동토의 땅 녹아
초록 눈 움트면
울컥울컥 그리움
산처럼 밀려오고

눈을 떠도 감아도
볼 수 없는 내 사랑아
이 어미는 단 1초도
너를 잊은 적 없단다

눈에 보이지 않는다고
존재하지 않은 건 아니지
너와 내가 살아가는
시간이 다를 뿐

〈 2020.3.6. 친구 아들의 묘소 앞에서 〉

눈꽃 세상

그리움 몰래몰래 살포시 소복소복
아무도 가지 않은 주인 잃은 검역소에
쓸쓸한 발자국만 덩그러니 남았다

코로나 주연 되고 사람이 조연이 된
뒤바꾼 위계질서 누구 탓 할 수 없어
아쉬움 나뭇가지에 설화로 피었구나

언젠가 돌아오리 예전처럼 활기차게
마음껏 호흡하며 뜨겁게 포옹하는
새해엔 고운 바람결 빌어보는 신축년

십오야 十五夜

한없이 크다하여 한가위라 했던가
감나무 우듬지에 보름달 둥싯 뜨고
십오야 함박꽃웃음 기쁨가득 추석날

통통한 살찐 만월 고운 임 얼굴인가
언제 봐도 복스러운 정겨운 너의 미소
오늘은 그대와 함께 하월가나 부를까

지금은 묵정밭 된 향수짙은 고향 집
세월을 뒤로한 채 치자꽃 벙그는데
울 엄니 동구 밖까지 버선발로 오셨네

한가위

물오른 오곡백과 올벼쌀 익어가고
배고픔 없다하여 한가위만 하라 했지
가을의 한가운데 날 중추지월 한가위

가을엔 심장 열어 뜨겁게 사랑하자
달콤한 명지바람 춤추는 황금 들녘
겸허히 두 손 모두어 하늘님께 감사해

마늘을 까며

유리산을 오르듯
아슬아슬한 일상이지만
초가을 햇살 눈부시다

베란다에 빨갛게 익어가는 고추와
가끔씩 찾아주는 참새떼가
부정맥으로 헐떡이는 나를 안정시킨다

소중한 건 잃어버린 후에야
더욱 사랑하게 되는 것일까

숨조차 마음껏 쉴 수 없는
차단과 단절 속에서
스스로를 감금하고

침묵하는 하늘에
희망 한자락 걸어두고
한 겹 한 겹 역병을 벗겨내듯

8월과 쪼그리고 앉아
마늘을 깐다

빼앗긴 우리들의 봄

지구를 습격한 코로나 19는
아시아를 휩쓸고 가
진격에 진격을 거듭하더니
유럽을 초토화 중이다

날마다 하품 나오는 똑같은 일상이
지루하기만 하다며 투덜대던
아군들은 격리와 거리 두기 방콕과
통제의 시간을 통해
비로소 지극히 평범한 일상의
소중함을 절감하는 중이다

우리 모두에게 내려진 형벌
고립의 시간...

동네 소공원에 하얗게 핀 백목련의
화사한 미소는 그대로인데
마음껏 봄을 느낄 수도 환영할 수도 없는
고립된 혼자만의 봄은 적막하다

고립은
지난 것들을 추억하게 하지만
또 다른 나를 발견하고 발전시키는
기회이기도 하다

나의 삶들이 반듯해지는
조율의 시간 고립

눈 오는 날에 · 2

며칠을 꼼짝없이 방구들 친구하여
바깥통通 두절하고 出入을 금한 시간
입춘이 어제라는데 나의 봄은 어디쯤

코로나 너 때문에 하루가 감옥인데
어둑한 창문밖엔 싸락눈 오락가락
그대는 어디쯤에서 내 생각을 하실까

가을엔

우리들 헝클어진 일상을 뒤로하고
불현듯 번개치듯 어디론가 가보자
하르르 설익은 단풍 상고대에 지누나

계절은 온새미로 가을을 품고서는
푸른 잎 떨궈내도 아파하지 말라 하네
아무런 이유도 없이 은혜 감사 하라네

청푸른 쪽빛하늘 언제 적 하늘인가
보기도 아까워서 가슴에 담아두고
보물을 꺼내 보듯이 도담도담 비나리

겨울 끝에서

하르르 그리움이
눈꽃으로 피는 날

햇살은 반짝반짝
나비로 화華했는가

그대의 따스한 손
온종일 그리운데

겨울은 끝자락
마지막 노래 처연하다

〈 모처럼 겨울다운 눈 오는 날에 〉

그 아픔의 밤에

92세 어머니가 길을 잃었다.
40년 전 과거에서 돌아올 줄 모른다
오래전에 가신 아버지건만 아직도 어머니 기억 속에서
여전히 살아계신 아버지
그 지아비를 위해 이른 새벽부터 이슬 먹은 푸성귀 가득한
밥상을 차리고 오십이 한참 지난 딸에게
말 안 들으면 아버지에게 일러
회초리 맞게 할 거라며 공갈, 협박 중이시다.
어머니 머릿속에서 나는 아직도 단발머리 소녀다.
 중증치매, 뇌졸중, 심근경색, 당뇨, 고혈압…
수많은 합병증은 어머니를 병상에 묶어버렸고 전신 마비, 외상으로 손가락 하나 쓸 수 없지만 정신만은 과거에 머물러
 중풍으로 쓰러진 호랑의 시어머니 병수발이 4년째다.
 농사일에 들로 산으로 팔남매 자식들 끼니걱정에 어머니의 하루는 고달프기만 하다.
 그때가 언제였던가?
 아마 내가 여남은 살 쯤 되었을 때 일이다.
 추석을 앞두고 송편을 빚겠다며 우리는 물에 담가둔 쌀을 빻으려고 디딜방아가 있는 아랫집 강산 아짐 댁으로 갔다.

우리 두 집은 대나무밭으로 연결된 지름길을 이용하곤 했는데 그날도 사운대는 대나무숲을 지나 우리 마을에서 유일하게 방아가 있는 그 집에서 방아를 찧던 중 철없던 우리들의 장난질로 그만 리듬을 놓쳐버린 긴 통나무로 만든 디딜방아는 어머니의 손등으로 내려앉았고 엄마의 외마디 비명이 들렸다.

그 사고로 큰 부상을 입은 엄마는 수없이 많은 고통의 나날을 보냈으리라.

고통으로 일그러진 어머니의 모습은 수십 년이 지난 지금까지도 내 기억 속에 아픈 잔상으로 남아서 나를 슬프게 한다.

그 후 엄마는 한 손으로 어찌 살아 냈는지 기억나지 않는다. 아마 너무도 미안하고 두려웠던 일이라서 기억하고 싶지 않았는지도 모르겠다.

그런 일이 있고 난 후 우리 집에서는 추석날 송편을 빚은 일은 내가 어른이 된 후에도 없었다.

어머니는 정신이 온전할 때나 혼미할 때나 유독 식구들의 밥을 챙기셨는데 아마도 어렵던 그 시절 많은 식구로 인해 배고팠던 섧은 기억이 남아있어서일 것이다.

배고프고 고단했던 어머니의 젊은 날, 그 기억 속에서 나는 온갖 잔병치레로 부모님을 무던히도 힘들게 했던 여덟 손가락 중 가장 아린 막내딸이다.

치매가 심해진 어머니는 내 품으로 오셨다.

요양병원에서 석 달을 계셨지만 적응하지 못하고 밤낮으로 집에 간다고 우는 바람에 가슴 아파 차마 볼 수가 없었기에 직장을 사직하고 집으로 모시고 왔다. 치매는 급속도로 진행됐고 3일씩 잠을 안 자고 이미 죽은 사람, 형제간들, 자식 등 허상들과 혓바닥이 쫙쫙 갈라져 피가 나도록 이야기를 했다가 소리를 질렀다가 눈이 다 돌아갈 즘 하루를 꼬박 주무시기를 반복했다.

그러면서 나도 함께 병들어 갔다.

밤마다 경련으로 굳어가는 다리를 만지며 어머니는 아파서 울고 나는 안타까워 울었다. 하루에도 수차례씩 엄마의 볼에, 이마에 뽀뽀하며 당신이 나에게 짐이 아닌 사랑하는 내 어머니임을 상기시켰다.

나는 어머니 기억 속에서 어여쁜 막내딸이있다가 어머니의 여동생 정순이가 됐다가 마지막에는 당신의 친정 조카가 되었을 때 부정맥이라는 또 하나의 병명을 얻어 결국 천국으로 떠나셨다.

예전에 나는 부모님을 요양원에 보내는 사람들을 보면 입을 열어 비난하진 않았지만 속으로는 그들을 비난했었다.

부모는 자식을 위해 평생을 바쳤는데 어찌 그럴 수 있느냐고.

그러나 지금은 생각이 달라졌다.

치매는 개인이 혼자서 감당하기엔 너무 벅찬 일임을 알기 때문이다.
기관의 도움을 받아 자주 찾아뵙는 것도 서로에게 최선임을 이제는 안다.
1년의 짧은 시간이었지만 어머니는 나를 시인으로 만들어 주고 떠나셨다.

    치매

    함께 있으나
    다른 세상에 사는

    오늘은 잊고
    수십 년 전 과거에 머물러

    살아있으나 죽은 자 같은
    치매

어머니와 함께 잠 못 들던 밤
나는 울기도 하며 긴긴밤을 이겨내려고 춤도 추며 밤새 일으켜 달라며 밖으로 나가겠다는 어머니의 눈을 피해 침대 밑에 숨어서 글을 쓰기도 했다.

그 아픔의 밤들을 지내면서 난 많은 것들을 품을 수 있게 되었고 아팠던 만큼 성장했다.
내 생애 가장 아팠던 그 시간이 내 삶의 양약이 돼 주었다.

어머니는 93세 새해를 앞두고 내가 보는 앞에서 딸깍 소리와 함께 숨을 거두셨다.
사람들은 모두 호상이라고 했지만 3년이 지난 지금도 나는 미라처럼 말라서 침대에 누운 채 온종일 내 동선만 따라다니던 그 시린 눈동자를 잊을 수가 없다.

그러했을지라도…

난 내 어머니가 너무도 보고 싶고
가슴 저리게 그리웁다.

고구마 과자

셋째 오빠는 편 마른 소아마비였다.

아버지 살아생전에 가끔 하시던 말씀은 호랑이가 나타나서 아버지의 오른손을 물어뜯는 태몽을 꾸고 난 후 오빠가 태어났는데 소아마비였다고 하셨다.

배냇병신 소리 안 듣게 하겠다면서 어린 자식을 등에 업고 용하다는 의원을 백방으로 찾아다녔지만 고치지 못한 채 오빠는 성인이 됐고 오른쪽 손과 발이 많이 불편한 연유로 고달픈 시절을 보내야 했다.

지금도 가슴 시리게 남아 있는 유년의 기억 한 자락은 오빠가 중학교 시절의 잔상이다.

그 시절 우리 집은 워낙 시골인지라 버스가 아예 들어오질 않아서 한참을 걸어 나가서야 겨우 버스를 탈 수 있었고 그것도 하루에 몇 번 다니지 않은 버스였다.

이런 연고로 오빠는 20리 먼 읍내에서 자취를 하고 있었다. 토요일이면 오빠는 배가 터질 것 같은 빨래 가방과 책가방을 어깨에 메고 집으로 왔다. 오빠의 힘없이 축 늘어진 한쪽 팔에 대롱대롱 매달려 오빠보다 앞서서 들어오는 가방을 나와 동생은 오빠보다 더 반갑게 맞아 주곤 했다. 오빠가 반가운 것이 아니라 그 가방에서 나오던 보물, 일주일간 우리를 목 빼고 기다리게 한 그것은 딱딱하고 달콤한 고구마 과자였다. 진짜 고구마가 들어가진 않았으리라. 밀가루에 노란 조청을 발라서 바싹하게 튀겨낸 과자는 그 시절 우리가 맛보던 유일한 가공식품이었다. 오빠는 땀으로 범벅이 된 얼굴을 닦을 생각도 않고

토끼 눈으로 똘망똘망한 우리를 향해 알겠다는 듯 씽긋 웃어 보이고는 가방을 열어 일주일간 찬이라고는 없이 참기름 몇 방울에 빨간 고추장을 넣어 비벼 먹었을 빈 고추장 단지를 꺼내 놓고는 이어서 항아리 속에 든 고구마 과자를 꺼내 막둥이 동생과 나에게 건네주곤 했다.

그 과자 한 봉지를 받아들고 우리는 아이들이 잘 모이는 양지바른 아지트로 달려가면 어린 나이에 이미 갑질하는 가진 자가 돼 있었다. 그 과자 한 조각의 위력과 권세는 대단해서 나는 꿀 값을 띨며 유세를 부리곤 했다.

지금 생각하면 그 빠듯한 용돈을 얼마나 아끼고 아껴서 사 왔을 과자를 우리는 고마운 줄도 모르고 당연하게 늘 그렇게 받아먹었던 철부지였다.

어느 날이었던가

저녁 어스름에 늦은 낮잠에서 깨어난 나에게 오빠는 부동자세로 반듯이 앉아서 자기와 눈을 맞추라고 하더니 혼자만의 소리로 뭔가 주문 비슷한 걸 중얼거리며 "자~ 이제 눈이 감깁니다.

잠이 옵니다."를 반복하다가 말똥한 나를 보더니

"막내야 졸립쟈? 눈이 막 감기쟈?"하는 것이었다.

그 모습이 얼마나 진지했던지 실컷 낮잠을 자고 일어난 나는 졸리지도 눈이 감기지도 않았다. "아녀 안 졸린디..."

졸리지 않은 내가 무언가 큰 잘못을 한 것만 같아서 이유도 모른 채 엉엉 소리 내 울었다. 목청껏 울고 있을 때 일을 마친 아버지가 들어오셨고 오빠가 어디선가 최면술을 보고 와서는 나에게 실험 중이었다는 것을 알게 된 아버지는 어이가 없다며 오빠 머리에 군밤을 한대 먹이고는 나를 안고 나가셨다.

세월이 흘러 셋째 오빠는 장가를 갔고 지인의 소개로 직장에도 들어가서 3명의 딸을 낳고 그럭저럭 살았지만 불편한 몸으로 일이 버거울 때마다 마시던 술로 인해 50을 겨우 넘기고 간경화 말기로 소천하셨다.

간경화 말기 진단을 받은 오빠에게 지인들은 퇴직금을 미리 땡겨서 수술도 받아보고 휴식도 취하라고 조언했지만 주변의 말을 끝끝내 외면한 채 돌아가신 순간까지 회사에 다니다가 많다고도 적다고도 할 수 없는 퇴직금을 고스란히 가족에게 마지막 사랑으로 남기고 설날 아침에 따끈한 떡국 한 그릇을 채 드시지도 못하고 쓰러져 영원히 우리의 곁을 떠나가셨다.

내가 처음으로 아파트를 장만하던 날

셋째 오빠는 그 불편한 몸으로 송알송알 포도송이 가득한 커피잔 세트를 사 들고 오셔서 달빛 같은 미소로 웃어주던 모습은 내 가슴에 영원한데 이제는 밤하늘 별빛 미소로 스러지고 찻잔만 남아서 그리움 겨운 내 눈물을 담아내곤 한다.

가난했지만 참 화목했던 우리 집

8남매였던 형제들은 하나 둘 세상을 등지고 아쉽기만한 추억은 그대로인데 가는 세월을 어찌 막을까

다만 가끔 그 옛날 초가지붕 아래서 알콩달콩 몸 부비며 살던 그 시절이 한없이 그리워 눈물 짖곤 한다.

속리산 소묘

네모난 창문을 통해 올려다본 숙소 뒷산
언덕배기엔 겨우내 헐벗은 나목마다
새순이 돋고 우듬지엔 아기 손이 몽굿몽굿
고개를 내밀고 봄마중이다.

   속세와 이별하라고 붙였다는 이름
   명산 속리산俗離山에서 잊어야 할 것들과 놓아야 할 것들과 붉은 심장 뛰게 했던 첫사랑의 추억마저도 내려놓으라는 깊은 울림에 귀 기울이며 이름만 어여쁜 텁텁한 대추 막걸리잔 맞대며 세월 속에 묻어 두었던 말들을 꺼내어 다독이는 속리산의 밤은 깊고 고요하다.

   예기치 못하게 지구촌을 강타한 코로나19라는 역병 속에서 오늘 여기 살아 있기에 좋은 일도 궂은 일도 함께 할 수 있는 것이니 이 얼마나 감사한가.

* 속리산 : 임백호가 중용을 800번 읽고 지었다는 세상과 격리 하라는 뜻의 俗離山.

뜬금없게도 거의 산 정상을 깎아서 닦아놓은 개방되지 않은 산책로를 걸으며 산새들 노래소리와 함께 싱그런 아침을 맞는다.

구릉마다 걸려있는 자욱한 안개구름을 내려다보며 신비롭고 아름다운 속리산의 품속에서 우리는 하늘에서 하강한 선녀가 되었다.

세조 임금이 거닐었다는 세조길을 거닐며 조선 왕조의 공주가 되어도 보고 마음을 씻어 정하게 하라는 세심정에서 마음속 깊은 죄악들도 깨끗해지길 빌어본다.

맨발로 올랐던 상환암의 화려한 단청은 속세의 세인들을 현옥하기에 충분하다.

오랜 역사와 유적을 품고 있는 유서 깊은 명산 속리산에
내 나이 60 넘어 처음 올랐다면
그대! 웃을 텐가.

고스톱

놀이 삼아 재미 삼아
말은 쉽지만
어디 뛰는 게 설 날 널 뿐이랴

1월 솔광처럼 고고하고 기품 있게
시작하지만
점 200, 만원 상한가를 넘나들 때면
심장은 자동 리플레이
bounce~~ bounce

밥값 인심은 그리도 후한데
몇백 원 동전에 목숨을 거는
표리부동*, 지록위마**
한 시공간에 펼쳐지는 천국과 지옥

* 표리부동 : 겉과 속이 다름
** 지록위마 : 사슴을 말이라 우김

늦게 배운 도둑질 날 세는 줄 모른다고
알아도 그만 몰라도 그만인
환갑 되어 알아가는
go stop

이웃 민폐라며 한 번도 안 끼워 줘
오늘은 구경꾼으로 앉아 있지만
누가 알아?
내일엔 최고수 타짜로 고스톱 무림을
평정할지도...

갈 때 잘 가고
설 때 잘 서야 하는데
문장부호 많은 고스톱
흠 ~~ ... ! ?
I'll be back.

꿈

그곳에는 여전히
하얗게 하얗게 밤꽃이 벙글고
감나무 밑 평상에는
동네 아이들, 아짐들 웃음소리
황금물결로 출렁인다

편偏마른 소아마비로 험한 삶
외로웠던 세째오빠는
구김살 없는 자주색 윗도리에 통통히
살 오른 모습으로 나를 반긴다

따스운 봄볕에 감은 머리 말리다가
흠칫 놀란 어머니는 밥부터 챙기신다

아가! 갑자기 뭔 일이 당가
밥은 묵고 댕기냐?

황급히 정제*로 사라지신 어머니를
놓칠세라 눈배웅 하다가 문득
오랫동안 안부전화를 드리지 못한다는
죄스러운 마음에 슬픔이 밀려온다

아침마다 전화해
서로 간 안부를 물었었는데
왜 오랫동안 전화하지 못했을까
왜 그랬을까
내가 미쳤어 미쳤었나 봐

슬픈 감정은 뭉게뭉게 피어올라
연노랑 감꽃을 휘돌아 하늘까지 오르고
나는 목놓아 흐느끼다가 잠을 깼다

* 정제 : 부엌의 방언

동네 어귀 들어서면
첫 번째 기와집인 우리 집에는
감나무 앵두나무와 무화과나무가
푸름을 자랑하고
마당가에 붉게 피던 달리아 꽃은
피고지고를 반복하며 여름이 다 가도록
우리 집을 꽃등으로 밝혀 주었다
루비처럼 반짝이던 붉은 앵두를 한 움큼
훔쳐 달아나던 아이들로 북적이던 우리 집

지금은 어머니도 오빠도 모두
먼 별나라로 길 떠나시고
텅 빈 고향집에는
내 유년의 아름답던 기억들만이
감꽃 하얗게 핀 봄날을 뜰을
서성이고 있겠지

그리움이 커지면 병이 되는지

가슴 먹먹한 봄날의 이 아침에
까치소리 들려오는 오늘은
먼저 가신 어머니께
안부전화라도 드려볼까

그곳 어머니의 뜰에도
하얗게 하얗게 밤꽃이 벙글고
자목련 붉은 웃음 한창이냐고

젊은 나이에 서둘러 가신
셋째 오빠 만나서 찬란한
봄날의 뜰을 거닐고 계시느냐고

백미숙 시집

고립, 조율의 시간

초판1쇄발행　2021년 7월 9일

지 은 이　백미숙
펴 낸 이　양상구
웹디자인　김초롱
펴 낸 곳　도서출판 채운재
주　　소　(우02586) 서울 동대문구 난계로26길17 삼우빌딩 c동 205호
전　　화　02-704-3301
팩　　스　02-2268-3910
H · P　010-5466-3911
E.mail　ysg8527@naver.com

정 가 13,000원

작가와의 협의하에 인지는 생략합니다
파손 및 잘못된 책은 교환해 드립니다